부르지 못한 노래… 허재비도 잠 깨우고

시산맥 해외기획시선　016

부르지 못한 노래… 허재비도 잠 깨우고
시산맥 해외기획시선 016

─────────────

초판 1쇄 발행 | 2021년 04월 26일

지 은 이 | 손용상
펴 낸 이 | 문정영
펴 낸 곳 | 시산맥사
편집주간 | 김필영
편집위원 | 오현정 강수 정선
등록번호 | 제300-2013-12호
등록일자 | 2009년 4월 15일
주   소 | 03131 서울특별시 종로구 율곡로 6길 36,
　　　　　월드오피스텔 1102호
전   화 | 02-764-8722, 010-8894-8722
전자우편 | poemmtss@hanmail.net
시산맥카페 | http://cafe.daum.net/poemmtss

ISBN 979-11-6243-189-4 03810

값 10,000원

* 이 책은 전부 또는 일부 내용을 재사용하려면 반드시 저작권자와 시산맥
  사의 동의를 받아야 합니다.
* 이 책은 교보문고와 연계하여 전자북으로 발간되었습니다.
* 본문 페이지에서 한 연이 첫 번째 행에서 시작될 때에는 〈 표기를 합니다.
* 저자의 의도에 따라 작품의 보조 동사와 합성 명사는 띄어쓰기가 달라질 수
  있습니다.

부르지 못한 노래… 허재비도 잠 깨우고

손용상 운문집

■ 책머리에

노래를 부르세요… 아내가 말했습니다.

어느 날 문득 엄습한 이른바 중풍(中風)… 누구든 당할 수 있는 일이긴 하지만, 보통 사람들은 그 일이 '나'에게 닥치라고는 생각하지 않습니다. 그러면서도 어느 날 불시에 내 앞에 그런 일이 벌어지면 억장이 무너지지요.

사람들은 이런 경우를 당하면 대개 그 순서가 있다고 합니다. 처음엔 기막히고, 좌절하고, 회한과 절망 속에 분노하다가 그 단계가 지나야 비로소 현실을 받아들인다고 합니다. 그리고 혹은 종교에 귀의하거나 스스로 마음을 다스린다고 합니다. 그러나 일부의 사람들은 그 절망과 좌절과 분노의 단계를 극복하지 못하고 대개 생생을 마감한다고도 하지요.

좌절해 있던 어느 날, 당시 잠깐 서울에 돌아갔던 아

내가 전화를 하였습니다.

　─그냥 살기가 버겁고 귀치가 않네. 끝내버릴까…

어쩔 수 없이 혼자서 투병생활을 하며, 시시로 엄습하는 외롭고 막막한 심정을 독백처럼 내뱉으며 그녀에게 투덜거렸습니다. 한참을 침묵하던 그녀가 약간은 물기 젖은 목소리로 말했습니다.

　─노래를 한번 불러보세요. 거울을 보고… 노래를 부르세요!

　─노래…?

송수화기를 끄고 혼자서 중얼거리며 거울 앞에 서 보았습니다. 아직도 비틀어졌던 입술의 흔적이 남아있어 기분이 좋지 않았습니다만, 그냥 무시한 채 그녀가 말한 것처럼 정말로 노래를 불러 보았습니다. 조그만 목소리로. 아무도 보는 사람도 없었지만 공연히 쑥스럽기가 그지없었습니다. 그러나 그보다 더한 것은, 내가 곧잘 18번처럼 부르던 노래가 도무지 음정 박자는 물론 발음마저도 제대로 되지 않는 참담함이었습니다.

―당연하죠! 입 다물고 말 안 하고 있으니까 신경이 무뎌지는 게…. 그러니까 노래를 하라구요. 지루하면 책을 읽거나 시 낭송도 해보고… 그것도 아주 큰 소리로요. 뭐가 부끄러워요?

　다음날 다시 통화를 하면서 내 반응을 응석처럼 웅얼거리자, 아내는 여느 와는 달리 꾸짖듯이 말했습니다. 그래서 나는 다시 노래를 부르기 시작하였습니다. 아침, 딸애가 직장엘 나가면 적막강산이 되는 아파트 거실에서 나는 혼자서 '맹구'처럼 거울을 마주한 채 노래를 불렀습니다. '망부석'도 부르고 '꿈에 본 내 고향'도 부르고 더하여 군가나 학창 시절의 학교 응원가도 부르고… 곡이 쉽고 가사가 까다롭지 않은 노래는 생각나는 대로 모두 불러 보았습니다. 그러나 혼자만의 리사이틀은 오래가지가 않습니다. 금방 싫증이 일며 불과 십여 분을 버티지 못하고 거울 앞에서 물러서고 맙니다. . 그냥 머릿속엔 잡생각만 가득하고 생각과 행동이 달라 집중력이 생기지 않기 때문입니다.

그렇게 그 시간을 못 채우고 소파에 퍼질고 앉으면 한동안은 그저 멍하니 창밖만 내다보았습니다. 3층 베란다까지 치솟아 가지를 뻗친 나무 이파리들이 바람에 흔들리며, 흐드러졌던 초록이 누렇게 바래져가는 마지막 몸부림이 망막으로 스며들면, 그 처연한 모습들은 지난날의 후회와 회한으로 가득 찹니다.

그것은 내 빈 가슴을 후비며 혼자만의 알 수 없는 억울함에 공연히 눈시울이 뜨거워지기도 했습니다. 그러던 어느 날, 한순간 뭔가의 절규가 귀청을 때렸습니다.

―될 수만 있다면, 할 수만 있다면, 그리고 지금이라도 되돌릴 수만 있다면…

비록 내 여생이 길지 않다 하더라도, 꼭 그만큼 일지언정 후회 없고 회한이 남지 않을 인생을 다시 한 번 살았으면 좋겠다는 목소리였습니다.

그리고 생소했던 컴퓨터 앞에 앉았습니다. 한 손으로 토닥거리며 잃었던 언어의 '새'를 다시 잡기 위해 머리에

쌓였던 녹을 닦고 못다 불렀던 마음속의 피리를 불기 시작하였습니다. 이제는 누군가 내 피리 소리를 듣고 조금씩 귀를 기울여주는 사람들이 생기기 시작하였습니다. 아아, 나는 지난날처럼 일어날 수 있다는 희망에 다시 한 번 멍석을 깔았습니다.

 자빠지고 딱 십 년이 넘어가는 이월에 내 부르지 못했던 노래를 다시 한 번 새로이 다듬어 보았습니다. 그동안 무조건 날 지켜준 아내와 아이들, 그리고 꾸준하게 변함없는 우정을 보내준 '동무'들과 국내외 모든 좋은 분들께 이 책을 바칩니다. 특히 근간 심장 수술을 하다가 반신이 마비되어 혹 실의에 빠져있을 한 고교 아우님의 쾌유를 위해 이 글이 힘이 되었으면 합니다.

2021년 봄, 손용상

■ 차 례

머릿글

제1장 사랑에 대하여 _ 017
　　　　그때 그 여인 외 4편

제2장 바람과 바람(希), 추억과 회한 _ 027
　　　　그림자 외 19편

제3장 나의 '그 꽃'들 _ 073
　　　　설중매(雪中梅) 외 8편

제4장 망향의 章 _ 089
　　　　부르지 못한 노래 허재비도 잠 깨우고 외 5편

제5장 시간의 춤, 계절 단상(斷想) _ 101
　　　　어쩐지 서럽구나 외 11편

제6장 나의 고백 _ 125
　　　　나의 詩碑 앞에서 외 4편

제7장 사모곡 사모별곡 _ 137
　　　　엄니 떠나시네 외 6편

추천의 글 | 손용상을 말한다

이윤홍 _ 155
김미희 _ 164

제1장

사랑에 대하여

그때 그 여인 외 4편

그때 그 여인

나 학생 때
그녀는 누나 같았다
궁할 땐 물주(物主)였고
가끔은 사랑도 가르쳐주었다

장가 간다하자 그녀는
통 크게 웃어주었다
그녀는
싸롱 드 미라보의
큰 언니가 되어있었다

나이 들어
어쩌다 만 리 이역에서 만난
미시즈 캐서린 토마스

그녀는
추억이 담긴 빛바랜 기억 속에서
연민의 눈빛으로 웃고 있었다.
〈

헬로우? 학삐리!

　＊ **시작 메모** : 학삐리 – 학생의 당시 비속어. 어쨌든… 깜놀! 어느 날, 밑도 끝도 없는 이 광활한 아메리카 천지에서 그녀를 만나는 순간 나는 하마터면 기절할 뻔했다. 아, 인연이 이런 거구나… 나도 모르게 스님처럼 합장이 나왔다.

다 아프다
— 사랑은

사랑은
쿡 찔리면
마음이 요동을 친다

명치가 뜨끔
그리고 감동과 기쁨

그러나
끄트머리엔 꼭
가슴 한복판에
바늘이 꽂힌다.

* **시작 메모** : 그 옛날 명동의 SS라는 음악다방에서 미국서 돌아가신 전진호, 호영송 조해일 형 등 선배들 옆에 '꼽사리' 끼어 오상순 선생의 멋진 폼과 '구라'에 뿅~해서 자주 귀동냥하고 살 때가 있었다. 그 때 전진호 형이 모 여학생(지금은 명사다)을 짝사랑 했는데… 담배곽 은박지에 볼펜으로 꽉꽉 눌러 '사랑의 아픔'을 끼적이곤 했었다. 그는

담배 연기 한 모금을 뭉클 뱉어냈다 거머쥐며 "사랑은 이런 것이야" 했다. 허나, 지금 생각하면 '사랑'은 누구에게나 다 기쁘고 담배 연기고 또 아픈 것이었는데… 그땐 그 말이 참 멋있어 보였다.

마눌이 잠깐 딸네 집에 간 사이에 티셔츠 목 부근이 터져 있어 혼자 청승맞게 꿰매고 있다가, 문득 진호 형이 느닷없이 생각나 바늘을 침대 시트에 꽂고 한 줄 끼적여 본 것이다.

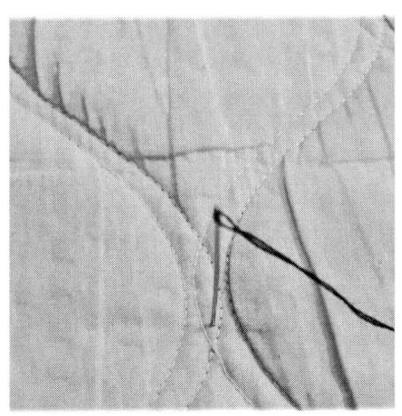

Old Flame(격정)

늦가을
산책길 벤치 위
낙엽 한 잎
천천히 맴돌아
말없이 날아와 앉는다

까맣게 잊혀진 시간
격정이
불꽃같이 타오르던 그날…

사랑은 얄궂다

사랑은
참 얄궂다
유행가 노랫말처럼
눈이라도 마주쳐야지 싹 튼다

사랑은
머뭇대다간
애먼 놈에게 뺏긴다

사랑은 명사다
일단 저질러야
죽이 되든 밥이 되든
동사가 된다

불완전 명사에서 뜸 들이지 말고
사랑을 하고 싶다면
쇠를 달구듯
대장간 풀무질부터 배워라.

가을비 연가

귀를 열면
님 발자국 소리 들린다

어깨 촉촉이 적시고
방금 연인과 헤어져
오늘은 쓸쓸하게 돌아가는가

언젠가
우산 바깥세상에서 보았던
카유보트(Caillebotte)의 그림
'비 오는 날, 파리의 거리'를 닮았다

가슴에 묻어둔 은밀한 얘기들
거리를 뒹굴던 하 많은 사연들

초록 껍질 벗겨내며
숨겼던 그 뜨거움
내일은 어떤 모습으로 다가올까
〈

가을밤 내리는 빗소리
한여름 타오르던
짙은 그리움 비로소 고백하는
차라리
처연한 사랑의 속삭임이다.

* **시작 메모** : 텍사스는 지루한 장마는 없었다. 다만 연례 행사로 화끈(?)한 허리케인은 남동부 플로리다 부근에서 두어 개 있었다고 전한다. 며칠 전에는 가을을 전조하듯 저녁답에 비가 내렸다. 이제 곧 處暑(처서)가 지나면 이슬이 맺히는 白露(백로)가 올 것이고, 이어 밤낮의 길이가 같아지는 秋分(추분)… 그렇게 가을은 본격적으로 다가올 것이다. 이파리들은 또 낙엽 됨을 아쉬워할 것이고, 우리들도 그처럼 마음마저 더 낡아가지 않을까… 지레 걱정이 든다. 倭(왜)말로 '요시, 간바루 (よし, がんばる)' 하자.

제2장

바람과 바람(希), 추억과 회한

그림자 외 19편

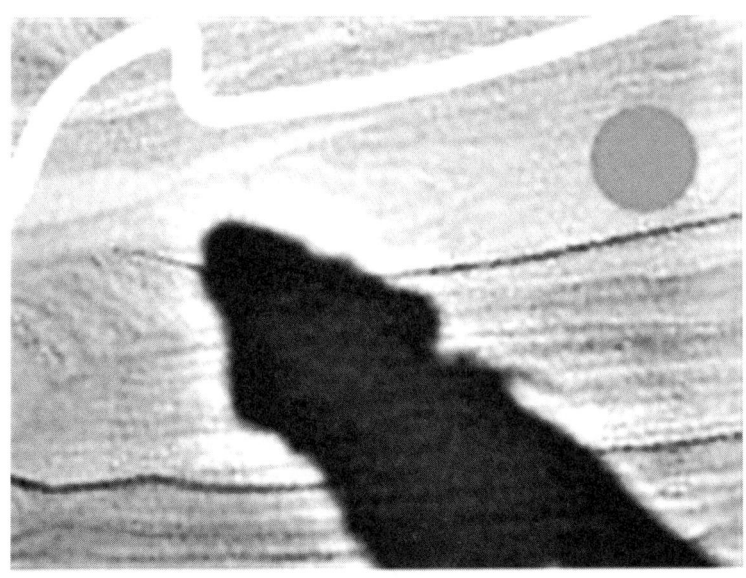

그림자

살다가 해를 등지게 되면
이놈은
내 먼저 앞장서 간다
밟으며 쫓아가도
도무지 따라잡을 수가 없다.

소릴 질러도 못 들은 척
지근지근 밟아도
아픔을 내색도 안 한다

놈은 그냥
북망(北邙)산으로 내빼는
시간을 까먹은
버버리 바보 천치(天痴)다

외롭지만 슬픈
나의 그림자.

옷 수선집 큰 '성님'

발틀의 페달을 밟으며
하필이면
木月을 떠올리다

그는
구름에 달 가듯
남도 삼백 리를 걸었고
나는
그냥 덜 덜 덜
발목만 움직이며 세월을 돌렸다

木月의 길목에는
술 익는 마을이 있었지만

나의 세월 속엔
길고 짧은 삶의 흔적
뜯었거나 꿰맸거나
바늘 자국만 선명하다
〈

하지만 어쩌다 혹
아물지 않는 상처 건드리면
새삼…
아픔 도질까 두려워

날마다
그 지워지지 않는 얼룩들만
살금살금 씩
어루만지고 산다.

* **시작 메모** : 내가 아는 80대 선배가 한 분 있다. 파라과이로 이민 가서 미국으로 정착하기까지 근 50년 이상을 옷 만들고 수선하는 업으로 밥을 먹고 산다. 먹물은 좀 옅었지만 이 직업으로 성실하게 한 우물만 파서 자식들 다 키우고 대학교 보내고 成家(성가)도 시켰다. 그런데도 아직 일을 한다. 이제는 며느님에게 거의 맡기고 아주 특별한 기술을 요하는 작업만 거든다. 그래서 나는 그분을 참 훌륭하다고 존경한다.

어느 날 그분의 가게에서 작업하는 것을 지켜보다가 문득 이런 일을 하시다가 돌아가신 송상옥 선생을 떠올렸다. 공연히 울컥하여 문득 우리 '큰 성님'의 속맘을 함 들어가 보았다.

다시 일어나면 되잖아

길을 걷다가 좀 넘어지면 어때
다시 일어나면 되잖아
무릎 까지고
발 삐끗 아픈 건
바로 살아있다는 것이야

그리고 혹 자빠졌을 땐
그냥 잠깐 누워서 하늘을 봐
그곳은 넓고 푸르고
구름이 꿈처럼 흘러가

느끼며 바라볼 수 있다면
또한 살아있다는 증거야

어느 날
갑자기 사지(四肢) 뒤틀리고
입도 비틀어지고
목 잠겨 말이 나오지 않을 땐
〈

슬퍼하지만 말고
그냥 가슴에 손을 얹어 봐

쿵닥쿵닥
심장 박동 소리가 들리면
그 또한 네가 살아있다는 기쁨이야

힘들게 생각하지 마
어느 날 길을 걷다 좀 넘어지면 어때
조용히 기도하고
다시 일어나면 되잖아.

靑磁

주둥이가 작지만
아귀는 불만 있는 듯
나팔처럼 벌어졌다
배만 볼록하다

연하게 부푼 배
천궁(天宮)에서 학(鶴)이 몽유(夢遊)한다
학은 꿈속에서 누구의 씨를 받았을까
턱도 아니게

그런데 가랑이가 안 보인다
배설은 어떻게 할까
참 궁금타.

* **시작 메모** : 고려청자나 이조백자를 대하면 그 線이나 색깔의 美에 대해 사람들은 칭찬을 아끼지 않는다. 허나… 나는 가끔, 그보다는 瓷器들의 입은 작지만 아귀는 벌어져 있고 배만 볼록한 것을 보면서 당시의 그 陶工들을 떠올린다.

그때 혹 그분들은, 양반들에게 모든 걸 수탈당하고 놈들이 그 재물을 배 속에 그득하게 채워놓은 '풍자'를 한 것은 아니었을까⋯ 짜구나서 배 터져 죽으라고⋯ 돌림병이 더 심해지니 별 '쓸데없는' 걱정을 한다.

미몽(迷夢)

만산에 홍엽(紅葉)들이 불타듯 타오를 때
산자락 연못 속의 이무기 한 마리가
따리 쳐
머리 쳐들고
부처가 되려 했네

다람쥐 두어 마리 눈치 없이 들랑대
구렁이 감은 눈이 가늘게 찢어졌고
가부좌
꼬인 몸통이
슬며시 풀어졌다

행여나 견성하랴 그 꿈도 야무졌나
곡차 맛 진한 향내 온몸에 서리 치면
잔 털고
혀 차는 소리
열반송 같았거늘.

＊ **시작 메모** : 옛날 내 소설「붓다야 놀자」에 주인공이었던 '유랑잡승' 몽운 스님이 생각났다. 생사도 불분명하지만, 혹 멀리 갔으면 구천에서 기어 나와 새삼 자기 얘기를 왜 거론하냐고 꿍얼거릴 것 같았다. 왜냐면 한때 그와 나는 어쩌면 같은 색깔이었고, 그래서 아직 그가 내 심중에 남아있기 때문이었다. 그냥 지난 한시절의 내 모델이었던 '승 묵상'을 기리는 예의로 생각해주길 바란다. 합장!

그 시절 퇴근 길

일터 벗어나자
해 저물고
거리에 불이 켜진다

집엘 가려 하니
바람 한 자락 어깨를 스친다
뭔가 허전타

한잔 하고 갈까
주머니를 뒤적여본다
갈까 말까
아무도 없을 집
먼저 가고 싶지 않다

마눌은 교회 갔을 거고
애들은 학원 갔겠지
식탁엔 식은 밥상 차려져 있을 거고
메모지엔 '곰국 덥혀 드세요'
〈

등 뒤에서
바람 한 자락 다시 분다

예라, 혼술하며 감자탕이나 한술 뜨자
혼자 중얼거리며
먹자골목으로 발길을 돌린다

문득 혼자 사는
한때의 여친을 떠올렸지만

지금 전화한들… 어쩌자고!

그대 떠나는 흔적(痕跡)
― 친구를 보내며

창공(蒼空) 타고 구름바다 건너
하늘 끝 따라 오르네
북망산 산자락에 껍데기 묻어놓고
한 줄기 실빛 되어 떠나나

즈믄 날
밤마다 살을 깎으며
즈문에 또 즈믄 날
손톱 밑 가시처럼
묻혔던 아픔 아쉽게 뽑아내고
너울너울 춤사위 따라
후울~훌
남겨진 오욕(五慾)을 태운다

연옥(煉獄)의 댓돌 위로 번져나는 향내
누군가의 곡(哭)소리 뒤로 하고
빈 껍질 태우는 한 줄기 혼백
이제
순백의 빛살 되어

어이 홀로 하늘 끝으로 오르나

그대, 잊지 못할 친구여!

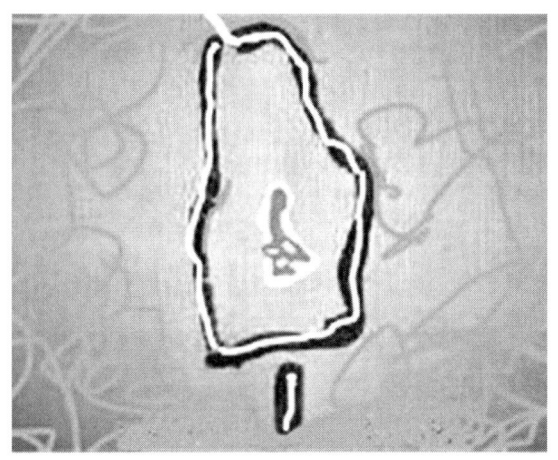

노인과 손주

봄날
손주 손잡고 공원엘 갔다

연못가 돌배나무 아래서
문득
아이가 탄성을 질렀다

하부지, 여기 싹이 트고 있어요!

들여다보니
나뭇가지에서
여린 새순이 돋고 있었다

나는 마른 나무였지만
손주는 새싹이었다.

＊ **시작 메모** : 지난 봄방학 때 손주들이 왔다. 잠시 손잡고 동네 공원엘 들렀다. 아이들은 새처럼 조잘대고 다람쥐처럼 재롱을 부렸다. 이 티 없는 순수는 아이들이 크면 이제 서서히 사라질 것이다. 여린 새싹들을 보면서 뜬금없이 '쓸데없는' 걱정을 했다. 나도 모르게 노인이 되어 있었다.

아침에만 '어르신'

컴퓨터 단추를 누르며
버릇처럼 손깍지를 낀다
마비된 손가락을 풀기 위함이다

늘 무심했다가
기왕에 깍지 만든 두 손
어느 날 문득 그냥 풀기가 아쉬웠다
화면이 켜질 동안만이라도
잠깐이지만 기도를 하기로 했다
생각지도 못했던 하느님께의 인사가
그렇게 시작되었다

첨엔 괜히 쑥스러웠다
아무도 보는 이 없지만 뜬금없이 하느님을 찾다니…
그래서 하느님보다는 어르신으로 불렀다
훨씬 가까움이 다가왔다

어르신, 지난밤 잘 주무셨나요?
절 잠에서 깨워주셔서 감사합니다

오늘도 잘 부탁합니다
그리고 손가락을 주무르고
자판을 똑딱이기 시작한다

그러나 일이 끝나면
늘 인사를 까먹고
....
또 다시
무심하게 하품만 한다.

* **시작 메모** : 사람들은 거의 대다수가 응가 하러 갈 때와 끝난 후에는 생각이 다르다. 표리가 다르다는 얘기다. 아무것도 아닌 얘기 같지만, 우리들은 모두가 그런 틀 속에서 늠름(?)하게 살아가고 있다. 그리고 그것을 아무도 틀렸다고 생각하지 않는다. 그냥 '관행적'인 습관으로 치부하고 만다. 공자 말씀 백 개가 있어본들 그딴 건 아무도 안 지켜도 괜찮다는 것이 〈진리〉로 둔갑하는 세상이다.

딸꾹질

컴퓨터를 켜다가
느닷없이 딸꾹질이 났다

누군가의 선시(禪詩)에
바람을 일컬어
허공의 딸꾹질이라 했는데
세상을 바꾼다는
컴씨라는 괴물이
바람을 일으켰나

무슨 징조일까
삶의 오묘한 깊이를
좀 더 제대로 챙기라는 질책일까

시간이 지겨워
한숨을 내지를 때마다
방 안에 차오르는
딸국 딸국
저자거리 휩쓰는 바람소리

마치 재채기 터지 듯
골 때리는 噦嘔(얼구)!

* 얼구 : 딸꾹질과 욕지기질을 아울러 이르는 말. 한방 용어라고 한다.

* **시작 메모** : 아점을 끝내고 번번이 컴퓨터 단추를 누르며 오늘은 좋은 영화나 한 편 찾아서 봐야겠다고 마음을 먹는다. 헌데… 머이가 그리 궁금할까. 허나, 나도 모르게 먼저 세상 돌아가는 뉴스부터 본다. 그리곤 매번 짜증과 욕찌기만 뱉어내다가 단추를 눌러버린다. 정작 보고 싶은 영화는 찾지도 못하고… 그야말로 噦嘔(얼구)다.

젠장, 꿈도 못 꾸나

울릉도 일주 도로 영상을 보다 보니
울릉도에 가고 싶다

그런가 하면
피지 풍광을 보면 그곳이 궁금하고
사모아 얘기를 듣다 보면
그곳 여인네 속살이 보고 싶다

몰디브 해변에서
일광욕도 하고 싶고
바이칼 호수의 물빛을 보며
시도 쓰고 싶다
알프스 설경에서의 스키는 또 어떠냐

그 땅이
어디에 어떻게 붙어있는지
잘 알지도 모르면서
그래도 아직은 눈이 고픈 세상이
사방 천지에 삐까리로 깔려있다

〈
스마트 시대
스마트 폰으로 온갖 세상을 돌아보며
그때그때
영탄에 영탄을 뱉어낸다

옆자리 마눌이
처량하게 바라보았다

한 시절 그렇게 싸돌아다녔으면 고만 되얐구만
얼렁 밥이나 자슈
머쓱하니 눈길을 돌리며
혼자 중얼거렸다
젠장, 꿈도 못 꾸나!

* **시작 메모** : 그렇다. 북망산이 가까워지니 못다 본 세상 온갖 곳 온갖 풍광이 고프고 아쉽다. 돌아다보면 딴에는 여러 세상 삐 대고 다녀본 것 같지만, 사실은 한 곳에서도 진솔하게

그 속살을 들여다본 기억이 없다. 그저 인증 기념사진이나 찍으며, 아 거기 나 가봤지… 그거뿐이었다. 생각나느니 술집에서 현지 여자들이랑 해롱거렸던 기억밖엔…

　이제 진짜 그 가보고 싶은 곳을 다 가보려면, 앞으로 야무지게 한 백 년은 더 살아야 할 것 같다. 하지만, 젠장 꿈도 못 꾸나…그나저나 코로나 방콕 때매 정말 여럿이 실성기가 번지는 것 같다.

어쩐지 슬픈 날

그녀가 밭에서 뽑히고 있다
어쩐 일일까

목장갑을 낀 한 남정네가
멍 자국 푸릇한 어깨를
잠깐 쓰다듬다가
한 손으로
머리채를 거머쥔다

또 한 손으로는 마치 애무하듯
사부작 호미질로
아랫도리를 벗겨낸다

푸른 꿈 펼치며
여물던 가슴 부끄럽게 드러나고

드디어 눈이 부신 허벅지 속살
마치 징용당한 위안부 처녀처럼
나란히 나란하게

고랑 가에 눕혀진 알종아리

아베요, 어메요
아무리 소리쳐 불러도
아무도 다시 옷을 덮어주지 않는다

광주리에 담겨서 침대로 옮겨지고
온몸에 물벼락을 맞으며
좋은 값에 팔려 가기를 기다리는 가을 처녀

가을은…
어떨 땐 하느님 작품을
위안부로도 만드는가

어쩐지 슬픈 날.

* **시작 메모** : 잘 아는 목사님 댁에서 텃밭 추수한다고 구경 삼아 오시라는 초대를 했다. 가서 그분 부부님과 우리 부부는 텃밭의 무우를 뽑아 가지런히 정리하며 감사 기도를 했다.

　나는 밀레의 농부 같은 그 모습을 지켜보다가 문득 속으로 참 전혀 엉뚱한 상상을 했다.

　그 목사님이 당시의 이 느낌을 전해 들으시면 기분이 혹 좋지 않을까도 생각했지만, 그래도 느낌은 느낌이라 그대로 양념 초칠 안 하고 그대로 올려본다. 하!

붓다(Buddha)야, 붓다여!

웃지도 우는 것도 아닌 게 아닌 채로
죄업(罪業)이 두려워서 눈 감고 있으신가
도솔천(兜率天)
넘나드시며
침묵만 지키시네

당신은 말 없어도 미소는 자애롭다
알 듯도 모를 듯이 눈감아 답하시니
싸안아
주신다 해도
보시(報施)를 어찌할까

당신의 고뇌 속에 첩첩한 상흔(傷痕)들은
울어도 그만이고 웃은들 괜찮은가
당신의
야릇한 표정은
그 뜻을 모르겠소.

석불 유감(石佛有感)

법당 옆 돌부처님 콧등이 뭉그러져
공양주(供養主) 할매 말로 아낙들 탓이라네
코끝만
쓰담쓰담 하면
득남(得男)이 절로 되나

아낙들 손맛 보고 돌부처 바람났나
지그시 미소 짓는 속마음 누가 알까
코 비벼
아이가 생기면
서방이 왜 필요해

차라리 그냥 몰래 밤도와 나서거라
잘생긴 상좌스님 문고리 풀어 놨다
애매한
돌부처 콧등은
그만 좀 만지시게.

환청(幻聽)
— 다듬이 소리

달밤에 다듬이 소리 잊혀 진 추억이다.
보름날 육간 대청 교교한 달빛 속에
또드락 또르락 따닥
설움을 두드렸다.

새댁은 새댁대로 시어민 시어미대로
일찍이 떠나버린 지아비 품에 안고
어금니 독하게 문 채
휘몰이 장단이라

제가끔 혼자 된 죄 가슴속 맺힌 한(恨)이
아궁에 던져 본들 재 되어 스러질까
밤 되어 고독이 밀리면
촛불로 타 올랐다.

 * **시작 메모** : 나 어릴 때 우리 집엔 할머니가 세 분이 있어 안방의 주인이었다. 16살에 시집온 울 엄니는 매일 아침저녁 그 할매들 (친시어미, 양가시어미, 할아버지의 재취 할머

니 등 당시 내 알기론 40대 중반이었던 것으로 안다) 곰방대 불붙여 문후 드리는 게 큰 행사였다고.

그 속에서 나는 자랐고… 그 할매들은 보통 오후 한나절엔 숯불 다리미로 이불 홑청을 대리거나 아니면 다듬이질로 며느리 일을 도왔다고 했다. 그래서 나는 기억하고 있다. 그 할매들의 다듬이 소리는, 때로는 서럽고 때로는 누군가에 대한 화풀이처럼, 그러나 그 한(恨)을 얼마나 리드미칼하게 표현했는지를 나는 동물적 육감으로 일찍이 터득하고 있었다. 특히 마당에 달빛이 환한 밤이면 더했다.

며칠 전 밤중에 잠이 깨어 창 밖에 비치는 환한 달빛을 바라보며, 문득 그 시절의 우리 할머니들의 다듬이 소리를 들었다. 환청이었을까…?

별리(別離)

치마끈 함께 풀던 그 날의 새색시가
갈림길 다가오자 한(恨) 풀고 잠들었다
자꾸만
뒤돌아본들
감긴 눈 다시 뜰까

달빛이 스러지니 햇볕도 그늘지다
바람에 별빛 지듯 꽃 대궁 꺾어지고
기쁨이
자라던 만큼
외로움도 쌓이더라

세월의 뒤안길이 그리도 가깝더냐
한순간 꿈길 같던 모퉁이 꺾어 돌자
백발 된
영감 하나가
저 혼자 울고 있다.

* **시작 메모** : 잘 아는 한의사 선배가 상처를 했다. 세상 나이로는 호상이었지만, 할마시를 잃은 영감은 혼이 빠진 듯했다. 화장장에서 그녀의 몸을 태우며 영감은 짐승처럼 울었다. 한의사가 한약을 지으며 짝지에게 산삼 녹용을 말로 고아 먹인들 무슨 소용이랴! 먼저 떠나면 그만이지. 그 영감님… 아마 오래 못 갈 것 같다. 거참!

포말(泡沫)을 바라보며

더 이상
젖게 하지 마라
메마른 것도 싫다만
거품이 넘쳐 질퍽한 것도 싫다

한때는
흥건한 기쁨이 몸을 떨게도 했지만
오래 축축한 느낌은
속에 곰팡이를 키운다

萬 이랑 고랑마다 숨겨진 전설들이
올(兀)로 오라기로 풀려서 스며드는
그 벅찬 기쁨
그리고 서러움은
나도 안다

그러나
해지고 달뜨고 모래 턱에 닿으면
이제 곧

스러질 아우성이 아닌가

포말(泡沫)이여!
이제 그만
그 거친 숨소리로
더 이상 젖게 하지 마라

메마른 것도 싫다만
거품 넘쳐서 질척거림도 싫다.

* **시작 메모** : 바다가 보고 싶어 간만에 LA 여행을 계획했다가 그놈의 코로나 확산으로 타주 여행자는 2주간 격리될지도 모른다는 뉴스 때문에 뱅기 예약 취소하고 '승질'나게 벌금만 물었다. 방귀 뀐 놈이 성낸다고 동네 호수 가에 나가서 물거품만 바라보다 용렬스럽게 공연히 심통을 부렸다.

선태(蟬蛻)를 찾아서

산책길 나무숲에서
나무 위를 두리번거린다
혹
매미 껍질이라도 있을까
허황한 생각이 들었다

이 사람아, 자네 꿈꾸나
초겨울 저녁나절에 매미 껍질이라니
그걸 얻어 갈아 눈에 바르면
특효라니까 욕심이 생겼나

티브이를 보다
신문을 읽다
더러운 것에 전염이 된 세상이다
눈알에 핏발이 서고
욕찌기가 입가를 헐게 한다

허 참,
어쩌다 매미 껍데기를 구해

세상을 맑게 보려 하다니…
요즘 소환된 테스형이나
고도우를 기다린 베케트가
살아 돌아와도 웃을 일이다

속으로
그렇게 궁시렁거리면서도
그래도 혹 그래도 혹
나는 선태를 찾아
맑은 피를 찾아 두리번거린다.

* **시작 메모** : 옛 한방 자료에 의하면 선태(蟬蛻)란 매미 애벌레가 성충이 되면서 나무 위에 벗어놓은 허물을 말한다고 한다. 그놈을 주성분으로 여러 약재와 섞어 가루 내어 복용하면 눈이 짓무르거나 핏발이 설 때 증세를 완화해 준다고 전한다. 그러나 매미 껍질은 속에 아무것도 없는 빈한한 삶을 가리키는 의미로도 쓰인다. 하지만 매미 껍데기는 혼자서 나무를 부둥켜안고 한동안 떨어질 줄을 모른다.

마른 허물이 어째서 여전히 나무를 끌어안고 있을까? 온 힘을 쏟아 등의 터진 틈으로 성충을 내밀던 그 집중이 본체가 빠져나간 허물의 상태에서도 무의식으로 남아 나무를 붙든 손을 놓지 않는다는 분석이다. 그래서 그 안에 남은 에너지 정혈(精血)이 약재가 되는 것일까… 누군가 쓴 그 스토리를 읽고 나에게도 그 약재가 필요했는지도 모르겠다.

'사라사테'를 만나다

신호에 걸려서
차를 멈췄다
네거리 한쪽에서
콧수염이 무성한 홈 리스 영감이
바이올린을 켜고 있다

살짝
창문을 열었다
문득 들리는 집시의 춤곡
치고이너바이젠

눈을 크게 뜨고
그를
바라보았다

이 초겨울 저녁에
불현듯 텍사스 골목에 나타난
'파블로 데 사라사테'
150년을 거슬러

그가 왜
여기에 왔을까

기이한 환상을 보며
얼른 동전 한 움큼을
그의 통 속에 던져 넣었다

그리고
신호가 바뀌고
나는 아쉬움을 남기고
집시의 사람들처럼
또
떠났다.

* **시작 메모** : 나는 '파블로 데 사라사테'를 사진으로만 봤다. 당연히 약 120년 전에 죽은 그를 따로 볼 리가 만무이기 때문이다. 허나 내 기억에 남아있는 그는 콧수염이 무성한 모습이었다. 모습이야 그렇다 치고… 나는 그가 만든 '헝

가리 무곡'을 좋아한다. 음악은 문외한이지만 이 곡은 젊었을 때부터 귀에 익었고, 그리고 첫 소절부터 마치 先塋들의 제사 때 처음 향을 피운 후 祝文으로 영혼을 불러내는 듯한 음률이… 나를 사로잡았기 때문이다.

  그 선영들은 제례가 끝나고 '이승'하시라는 告諭(고유)를 아뢰면 다들 아쉬움을 남기고 떠난다. 그리고 대청에서는 남아있는 사람들끼리 飮福(음복)이란 잔치가 시작된다. 떠나고 남은 자들의 교감은 이승 사람이나 저승 혼백이나 비슷할 것이리라고 생각한다.

그러나 쉿, 입 다물자!
— 데쓰 밸리

태초에 잉태된 숨겨진 설화들이
켜켜이
침묵으로 쌓였다

돌소금처럼 진하게
화석으로 굳어져 버린
그리움
그리고 사랑

가끔
시인 한 사람씩 다녀가면
조금 조금씩 뱉어놓는
태양과 바람과 모래의 전설들

죽은 듯
살아 숨 쉬는
창세기의 빛살 무늬

아, 갇혀버린 세월이 아쉽지만

그러나 쉿, 입 다물자

혹… 억년 정적 깨질라!

　＊ **시작 메모** : 知天命의 나이가 넘어 처음 이민을 왔을 때 참 막막했다. 도시 속의 사막이 따로 없었다. 그러다 한 지인의 권유에 네바다에서 진짜 사막을 보았다. 막막보다는 그냥 '먹먹'했다. 그런데도 내가 본 '죽음의 골짜기'는 내게 오히려 傲氣를 가져다주었다. 그 '똥깡'이 지금까지 나를 버티게 한 것이 아닐까… 하는 생각에 창고 구석을 뒤적여 그날의 기억을 되살려 보았다.

제3장

나의 '그 꽃'들

설중매(雪中梅) 외 8편

설중매(雪中梅)

무명 흰 적삼
저고리 소매에 선연한 핏자국
뚝 뚝 뚝
코피처럼 떨어졌다

눈 속에서 핀 여명(黎明)의 꽃
겨우내 맺히고
입술 깨물고 참았던
조선여인의 한(恨)을 닮았다

아름답다 하지만
그만큼 인고(忍苦)의 세월
버티고 터져 나온 절규도 처절하다

곧 봄이 오리라
이제 그만 가슴속 맺힌 피멍 삭이고

쓰고 시고 달고
짙은 향기까지도 잉태한

목마름 덜어주는
실과(實果)로 태어나라

매화(梅花)여!

들꽃에게

참 이쁘다 아가야
근데 좀 가엾어 보이네
동무들 다 어디 가고
왜 홀로 서 있어?

하필이면
길가 화단에서
어쩌다 혼자 피어있는 거야?
누구에게서 씨를 받았어?

늦은 밤
달님이 몰래 다가와
안아주었던 거야?
그리고 혼자 훌쩍
떠나버린 거야?

가랑잎 몇 장 굴러와
몸이야 덮었다만
곧 겨울 오는데

추워지는데
아가야 넌 어쩌냐?

바람에 물어봐
내일 달님이 얼굴을 내밀면
언제 데리러 올 건지
뿌렸으면 잘 거두라고
다부지게 따져봐.

＊ **시작 메모** : 병원에 정기검진 갔다가 간만에 바둑 집엘 갔다. 주차를 하면서 보니 길가에 홀로 핀 들꽃 한 송이가 유난히 눈길을 끌었다. 민들레인가? 확실히는 잘 모르겠고… 아가야, 곧 추워질 텐데 너 우짜냐… 혼자 중얼거리며 스마트 폰에 담았다.

그리고 영감 친구랑 바둑을 두면서 그놈의 풀꽃 한 송이 때매 내리 세 판을 졌다. 그래도 그 녀석을 어찌 도와줄 방법을 생각해 보았지만… 길이 전혀 없었다. 이 얘기를 영감 친구에게 말했더니, 그 '씨앙너메 넝감탱이'가 아주 뜨악하게 날 쳐다보며 말했다. 코로나가 멀쩡한 넘 여럿 으바리 맹그네했다.

맨드라미

그날 돌연
자네를 만났을 땐 두려웠다

뙤약볕 이글거리던
고향 역 꽃밭 속에서
자네는 마치
불꽃처럼 타오르며 서 있었다

변치 않게 변치 말자는 듯
철길 너머 먼 하늘만 바라보고 있었다

누군가 자네를
시들지 않는 사랑이라 했었나
한 철 내내
그리움 재(災) 되도록 기다려 보지만
떠나버린 사람은 오지 않았다

곧 다가올 겨울
이제 그 가슴속

이글대던 불덩일랑 어찌 하려나
그냥 멍으로 남긴 채
조용히 삭이려는가

문득
어느 날의 자네를 떠올리면
나는 지금도 두렵다.

* **시작 메모** : 아주 오랜 옛날이다. 당시 무전여행을 한답시고 완행열차를 탔었다. 추풍령이었던 것으로 기억하는데, 그 조그만 역 두 화단에서 이놈을 보았다. 철철 흐르는 그 선연한 핏빛은 지금도 내 뇌리에 박혀있다. 생각하면 지금도 두려움이다.

꿈꾸는 木蓮

삼월이 문을 열면 네가 온다
그리고 사월이 가까우면
서둘러 꿈을 접더라

뭬 그리 급한가
다가올 땐 봉오리가 쏘옥
떠나갈 땐 시무룩

제발 꿈 깨지 마라
못 잊도록
입맞춤 오래하고
영원히
그대로 멈출 수는 없는가.

홍매(紅梅)

봄소식 전한다고 꽃망울 터지더니
돌연한 꽃샘 한파 꽃 무덤 생기겠네
봉오리
맺히다 멎은
나무 등걸 가여워

정원 길 산책하던 한적한 저녁나절
꽃 사랑 안타까움 마음만 겅둥거려
봄 꽃샘
찬 바람 닥치면
어찌할 방법 없네.

* **시작메모** : 지역의 한 목사 사모가 눈 맞은 홍매화 꽃봉오리 사진을 보내왔다. 언젠가 쓴 내 시 '설중매'에는 흰 무명적삼에 점점이 뿌려진 조선 여인의 恨을 노래했지만, 이번의 설중 홍매는 그냥 싸가지 없는 싸락눈 속에서 공연히 오종종 떨고 있다는 느낌을 받았다.
한국 정원 풍경처럼 백설이 만건곤한 속에서의 매화였다면 또 다른 감흥이 있었을지도 몰랐을 것이다. 겨울은 겨울다워야 되는 거잖아!

돌배나무 꽃

옥색 하늘 이고
흰 나비되어 팔랑인다
마치
처녀각시 혼령처럼 신들린 춤사위

무명 타던 엄니 베틀에서
솜 털 날리듯
어깨 위 또 머리 위에서 맴도는
신비로운 나래 짓
꽃샘바람이었나

봄 시샘엔
가지가 흔들리고 부딪쳐야
열매가 실(實)해진다는데
이제 바람 그치고
꽃 지고 사리(沙梨) 달리면
그거, 잊혀 진 고향 맛으로 살아올까

낯선 곳

타향에서 자란 돌배
조막만한 게 참 못도 생겼다만
그래도
꿀에 쟁이면 약(藥)이 된단다.

* 사리(沙梨) : 조막만한 돌배, 일컬어 藥배라고도 함.

벚꽃

당신이 던지는 환한 미소
설렘이고
그리움이다

인동(忍冬) 세월 지나고 봄이 오면
빛으로 살아나는
당신

생각만 해도
온통
허한 가슴 채워지는
벌이 되고파.

* **시작메모** : 누군가 찍어 올린 여의도 윤중로에 만개한 벚꽃 사진을 보고 난 문득 그 빛 속으로 뛰어든 한 마리 벌이 되었다. 한 때 길 건너 양평동 살던 시절, 늘 우울하면 부르르 달려 나가 한강변을 거닐던 옛일을 떠올리며 사진 속의 봄빛 봄꽃을 추억한다. 아, 그리움이다!

못 말리는 그년(女)

하늘이 밝으면
기분이 맑다

비가 오시면
마음도 울적타

날씨에 따라
사람은 변한다
그러나
요놈만 있으면
언제나 봄날

못 말리는
나의 예쁜 꽃, 그년(女).

* 이 아이는 내 손녀 딸년이다. 치과를 데리고 가는 중 겁을 먹어 어미가 인형으로 겨우 꼬셨다. 눈망울에 막 눈물이 돌을 순간인데, 그래도 인형에 꼬인 모습이 못 말리게 이뿌다. 여기서 '년'은 쌍말이 아

니다. 예쁜 년의 년이다. 成家한 딸자식 둘이 가진 손주 다섯 녀석 중 계집아인 하나다.

식구 자랑은 '불출' 중의 하나라 하지만, 특히 커가는 손녀 딸년 예쁘지 않으면 할아비가 아닐 것이다. 차 문을 닫아주며 이 모습이 더 커지면 얼마나 여우가 될지는… 아마 내 생전에는 못 보지 않을까

상사화(相思花)

상사(相思)는 사람끼리 생기는 아픔인데
듣자니 꽃에게도 상사가 있더이다

잎과 꽃 서로 떨어져
이루지 못한 사랑

핏빛의 달리아든 순백의 수선화든
이파리 떨어지고 대궁이 솟아난들

사랑이 뭉치지 못하면
꽃술에 향기 날까

그리움 애절하다 혼자서 져버리면
그 혼은 죽어서도 뿌리로 사무치네

혼자서 타올라 스러질
상사 꽃 설움이여.

제4장

망향의 章

부르지 못한 노래 허재비도 잠 깨우고 외 5편

고향집 대문

부르지 못한 노래 허재비도 잠 깨우고

동구 밖 언덕배기 성황당 돌무덤에
돌 한 점 올려놓고 피리를 입에 문다
눈감아
읊조려본다
노동(老童)의 반 백 년을

부르지 못한 노래 서천에 파문 지면
산 노루 산새들이 조용히 귀 모운다
들녘의
허수아비도
한순간 숨죽이고

반백의 머리칼이 바람에 흩날리며
이마에 음영 지는 고랑 진 고뇌들이
피리의
구멍구멍으로
안개 되어 퍼진다.

* **시작 메모** : 저물녘에 들려오는 '늙은 아이'들의 피리소리는 시가 되고 노래가 되고 恨의 수필도 된다. 부는 마당에 따라 때로는 슬픔이고 때로는 그리움이 되기도 한다. 안개 되어 휘감기도 하고 노을처럼 산자락에 걸리기도 한다.

허나, 잘 모르겠다. 내가 부는 통소 가락이 정말 산 노루와 들녘 산새들의 가슴에 얼마만큼 스며들지…도무지 알 수가 없다. 그래도 통소 불기를 놓기가 쉽지 않는 하루… 공연히 처연한 느낌이 들기도 하다만, 그냥 그림 속 아이처럼 즐겁게 살자.

조강지처 내 님인 걸

어쩌다 소식 듣고 지난 세월 돌아보니
그날의 고향 들녘 일컬어 상전벽해(桑田碧海)
덧없이
흘러가버린
봄 여름 가을 겨울

꿈길 속 달려가서 고샅을 돌아드니
돌담 벽 잇몸 새로 풀꽃 웃음 반가워
마을 앞
논두렁 길섶엔
나팔꽃 뿌앙뿌앙

산과 강 의구하나 인정(人情)은 예와 달라
그런들 어찌하랴 조강지처 내 님인 걸
언젠간
마음 다잡고
잃은 정 찾아보리.

* **시작 메모** : 지난 추석 선산에 성묘 갔던 종중 아재비가 카톡을 했다. 잘 있냐는 안부 끝에 우리 고향 마을 주변도 엄청 변해서 주변에 골프장도 들어서고…어쩌고 자랑(?)을 해댔지만, 영 마음이 안 좋았다. 물론 세월 따라 다 변하는 것도 뭐라 할 수는 없지만, 그러나… 내 속에 남아있는 고향은 늘 그대로 있어야 '내 고향'이 아닐까 생각했다. 참 가보고 싶은데… 현실적으로 이런 성치 않은 몸 가지고는 영 엄두가 안 난다. 그냥 고향생각 함 해봤다.

거문고 뜯고 싶다

거친 듯 굴곡지게 강처럼 굽이굽이
봄여름 가을 겨울 세월이 살 같았다
젊은 날
뛰던 숨결이
빈 가슴 파고들고

장지문 격자창에 일렁이는 나뭇잎
얄궂게 설움 되어 먹물로 스며든다
빈 가슴
훑는 바람소리
내 영혼 일깨우고

술 익는 도가지 속 용수에 거른 청주(淸酒)
달빛 진 솔 이파리 몇 가닥 띄워놓고
오호라
이백(李白) 오라 해
거문고 뜯고 싶다.

* **시작 메모** : 從心의 나이도 중반에 접어들면 그 또래들은 대부분 '아, 옛날이여'를 읊조린다. 동서고금 암수를 막론하고 잘난 놈이 건 못난 놈이 건 연륜의 흐름을 막는 데는 용빼는 재주가 없다. 그냥 잘 받아들이면 곱게 늙는 거고 턱도 없이 분수없이 욕심을 부리면 자신도 모르게 추하게 된다. 당연한 이바구인데, 사람들은 그 哲理를 알면서도 못 지키고 산다. 가끔 내가 그렇다.

그 동무가 보고 싶다

석양을 등에 업고 홀연히 왔던 동무
木月과 芝薰 불러 한밤을 지새웠다
곡차(穀茶) 잔
함께 비우며
북소리 흉내 내고

초하(初夏)의 푸른 바람 솔잎에 머문 아침
신(新)새벽 향촉(香燭) 밝혀 백팔 번 엎어졌다
그런들
몽매(蒙昧) 중생이라
깊은 뜻 알 수 없어

몽환(夢幻)의 저녁 안개 일주문 감아 돌 때
산문(山門)밖 떠나는 길 소롯이 보냈었다
그립다
청정(淸靜) 동무야
언제나 다시 볼까.

* **시작 메모** : 한때 잠깐 중 공부 좀 해볼까… 절집엘 갔었다. 똥개도 '짬뿌'할 수 있다는 턱도 아닌 객기였다. 그때 그 소식을 들은 절친 하나가 막걸리 한 통을 들고 몇 시간 산길을 걸어 날 찾아왔었다. 너무 반가운 나머지 중 공부고 지랄이고 싹 잊어버리고 같잖게시리 그와 함께 지훈과 목월의 흉내를 내며 밤새 통음을 했다. 둘이서 남도 삼백 리 외줄기 길을 승무를 추며 걸었다. 그리곤 새벽에는 예불도 드렸다. 부처님 앞에서 술 냄새를 풀풀 풍기며… 그리고 그는 그날 저녁 답에 올 때처럼 홀연히 떠났다. 그리고 반세기가 흘렀다. 아, 그 동무가 보고 싶다.

고향집 돌담

고향 촌 고샅길 옆 종가(宗家)댁 담벼락엔
둥근 돌 모난 돌이 뒤섞여 함께 산다
어울려
품어 섞이니
가슴이 넉넉하다

틈틈이 끼어 박힌 졸(卒) 같은 잔돌들과
길거나 짧은 놈도 제 분수 제자리에
황토(黃土)에
몸을 박으니
햇볕도 따사롭다

잘난 놈 못난 놈도 손 벌려 어깨 걸고
제가끔 가진 만큼 나눔이 아름답다
가을날
운동회 같은
한마당 어깨동무.

그리움

만(萬) 물결 일렁이는 호수가 둔덕에서
젖은 눈 치어 드니 서(西)녘이 아득하다
맞닿은
수평선 위로
점점(點點)한 갈매기 춤

나래 짓 사이사이 노을빛 새털구름
나루터 모래톱에 스러지는 포말(泡沫)이어
빈 가슴
사무쳐 맺힌
이 그리움 어쩌나

풀 섶의 저녁 안개 휘감겨 스며들고
얄궂은 외로움이 먹물로 번져온다
갓길의
풀꽃 한 포기
오종종 떨고 있다.

제5장

시간의 춤, 계절 단상(斷想)

어쩐지 서럽구나 외 11편

어쩐지 서럽구나

나뭇잎 잎새마다 구멍이 뚫어졌네
벌어진 틈 사이로 스미는 빛 몇 줄기
버러지
파 먹힌 상흔(傷痕)
그런들 아물릴까

뜨겁게 타던 여름 진초록 한순간이
좀 먹은 모습 되어 맴돌아 떨어지고
새로이
다가온 가을이
어쩐지 서럽구나

고개를 치어 드니 하늘이 무심하다
창공엔 솜털구름 양 떼가 노닐건만
풀 섶에
구르는 낙엽
빛바랜 슬픔이다.

* **시작 메모** : 가을은 가을이다. 갈 숲은 바람에 수런수런 흔들리고 자작나무는 자작자작 타올랐다. 속으로 스몄던 홀로의 설움과 외로움들이 누렇게 혹은 하얗게 이파리에, 껍질에 새겨지며 보는 이들을 슬프게 한다. 누군가 가을은 노인의 계절이라 했던가… 맞는 말이다. 거지 같지만, 세월에서의 황혼은 누구에게나 가을이다.

시간의 춤
— 누이의 '당세기'

내 누이의 당세기에는
별것 별것이 다 있었다

엄마가 마름질하다 남은
형형색색 자투리 헝겊과
뜨개질 하다 남은 색실 꾸러미,
작은 거울
알몸의 플라스틱 인형 등등…
온갖 꿈이 다 담겨 있었다
누이의 당세기는
마치 마법의 성(城) 창고와 같았다

누이는 그 헝겊 쪼가리로 매듭을 묶어
머리 리본을 만들기도 했고
인형에게 옷을 만들어 입히기도 했다
그리고 거울로 인형을 비추며
뭔가 혼자서 대화를 나누기도 했다

쪽 거울은 소품,

자투리 헝겊에 색실을 묶어 옷을 입힌 인형은
배를 누르면 빼애 울었다
그럴 땐 우리 집 대청은 무대였고
누이는 감독 겸 배우였고 나는 관객이었다
그녀는 그렇게 천생 타고난 배우였다

어느 날
TV에 비친 누이를 보며 문득 돌아보니
그녀 나이가 벌써 일흔 중반이 넘었다
남매는 아직 그 시절 유년의 마음과 변함이 없는데,
왠지 해가 바뀔 때 마다 조급해지는 서글픔은 왜일까?

누이와 내가
그 시절 육간(六間) 대청에서처럼
다시금 마법의 당세기를 뒤적이며
인형극을 해볼 날이 있을까.

* 당세기 : 소형 상자를 일컫는 '반짓고리' 경상도 방언.

* **시작 메모** : 새벽까지 폐부기 등 컴 마당을 뼈대며 잡소리를 끼적이다 잠들면

거의 12시나 되어야 잠을 깬다. 눈을 뜨면 아, 오늘도 그냥 일어났구나… 중얼거린다.

공연히 뭔가 아쉬운 것처럼. 옛 시절 누이와 내가 대청에서 노닐던 생각을 떠올리며, 나는 뭘 기대하는 걸까? 혹 사뮤엘 베케트의 에스트라공처럼 '고도우'를 기다리는 것일까? 만약 '고도우'가 만약 염라차사라면 어쩔까. 곱다시 따라갈 생각이다. 세이 할로! 하면서…

시간의 춤
— 추억은

추억은
들여다보는 것이라 합니다

매일 여러 번을 꺼내 보아도
수없이 매만져 손때가 묻어도
추억은
늘 똑같이 정겹습니다

똑같다는 것은
마음이 변치 않았다는 것

가끔은
꺼내 보고 싶지 않는 것도 있지만
그래도 추억은
잘 지워지지 않습니다

추억은
늦은 밤 조용히
홀로 다가옵니다.

해군성(解裙聲)을 들었다

千山의 잎새들이 밤 도와 익었구나
오월의 장미인들 이보다 더 고우랴
계곡에
춤추며 내려온
선녀들의 해군성(解裙聲)

산자락 돌아드는 휘돌이 바람소리
폭포에 부딪치며 물보라 안개로다
황진이
부르자 하여
거문고 함께 뜯자

선경이 따로 있나 여기가 거기로다
즈믄 이 발걸음이 삐대고 밟아 본들
달빛은
변하지 않는데
인걸(人傑)만 간데없다.

* '해군성'(解裙聲) : 여인네 치마끈 푸는 소리.

* **시작메모** : 고국의 가을이 한껏 익어가고, 애 어른 할 것 없이 단풍놀이에 여념이 없어 보인다. 나라야 어찌됐든 노자노자 숨 쉴 때 노자 숨 끊기면 못노나니…누가 뭐라 하겠나? 하.

  지인들이 보내온 설악의 농익은 마지막 가을 풍경을 보고 오래전 내 기억에 꽂혔던 달빛 젖은 설악단풍을 떠올렸다. 그렇다. 그때나 지금이나 계절이야 변하겠는가. 사람이 변하지….

조춘(早春)

하 답답해 테라스에 나와 앉았다
햇빛은 비록 밝았지만
차갑고, 이른 봄 찬바람 코끝이 시리다.
어디서 왔는지
늙은 길 고양이 한 마리
사뿐, 곁으로 다가선다

빤히 바라보는 눈망울
마치 뭔가 꿈꾸다 깬 것처럼 흔들린다
몇 살이냐? 냐옹!
배고프냐? 냐옹!
춥냐? 냐옹!
색씨 그립냐? 냐옹!

찾아본들,
먹여줄 것이 없다
덮어줄 것도 없다
짝을 찾아주긴 더욱이 어렵다
너 혼자 해결해야 해

냐웅!

그는 다 알아들은 것처럼
구부정한 허리를 쭉 펴 보였지만
그 모습은 그냥…
공연히
슬프게 만 보이는 이른 봄 저녁나절.

시간의 춤
— 회한(悔恨)

늦가을 햇빛 한 줌 뜨락에 머문 오후
건듯 부는 소슬바람 난 분분 꽃 이파리
해질녘
신작로 따라
헤매 돌며 흩날려

산책로 갓길 따라 무리 진 풀꽃 더미
한 떨기 야생화의 춤사위 흔들림이
뜨겁던
초록 입술을
애타게 부르는 듯

나뭇잎 잎새마다 눈부신 금빛 무늬
흑발이 백발 된들 푸른 맘 변할까
손주 놈
뒤뚱 걸음에
지난 세월 아쉬워.

초하(初夏)

초록 눈 초록 입술 싱그러운 초록 얼굴
잎새 속 감추어진 터질 듯한 꽃봉오리
애기씨, 입 다물어요
꽃샘바람 불어요

꼬불한 밭두렁 길 중의(바지) 접고 걷는 새벽
서그렁 쏴아~샤아 들바람 불어오고
밤도와
흐드러져 핀
송이송이 나팔꽃

영롱한 새벽이슬 꽃잎에 똬리 틀며
고시랑 속삭이는 은밀한 풀꽃 연어(戀語)
아지매, 조용 걸어요
연인의 꿈 깨질라.

초추(初秋)

나뭇잎들이 옷을 갈아입고 있다
가끔은
벌레라도 먹은 듯 작은 구멍도 보인다
그 틈새로 햇살이 파고든다
하지만 이파리는
아무 일도 없는 듯 서로를 비비며
여전히 고시랑 거리고 산다

고개를 들면
하늘엔 뭉게구름
양 떼 가족이 거닌다

가을은 무심한가
뚫린 잎 새들 틈으로
빛 한 줄기 찾아 든 것이며
하늘엔 솜 같은 구름만 둥실 떠돌고

지난 불볕 여름
뜨겁고 힘든 삶을 살았지만

그래도 실과(實果)는 익어간다

새로이 다가온 가을은
그래서 그런가… 어쩐지 평온하다.

* **시작 메모** : 막 허리케인이 잦아들고 이제 곧 본격적인 가을이 올 것이다. 텍사스의 가을은 짧다. 과실수들은 열심히 마지막 힘을 짜내 열매에 그 즙을 채울 것이다. 허나, 늙은이의 가을은 그저 생각만 가득할 뿐, 속이 싱싱한 사과처럼 그 속을 상큼하게 채울 자양분을 채울 자신이 없다. 그저 겉으로 보이는, 태풍이 지나간 평온(?)함에 머리를 끄덕일 뿐이다.

중추(仲秋)

알곡 진 벼 이삭에 귀 열고 물어보니
여름내 초록 얼굴 어느새 황금물결
소쿠리
새참 펼치니
풍성한 들녘이다

드높은 창공 가른 살 같은 저 소리개
이삭 문 참새 떼들 황망히 흩어지고
덜그렁
허수아비가
저 혼자서 춤을 춰

금빛 뜨락 양광(陽光)아래 도리깨질 얼쑤로다
도랑 속 돌 틈 사이 숨죽인 가재 한 쌍
아이야
물장구 그만
맑은 물길 흐릴라.

* **시작 메모** : 보름 후면 추석이다. 말 그대로 하면 가을저녁이다. 그중 가을의 달빛이 가장 좋은 중추가절(仲秋佳節)이다. 따라서 추석은 '가을 중의 가을'—가을의 달빛이 가장 좋은 밤이란 뜻이다. 해석이야 어떻든… 추석은 수천 년을 전래해온 우리의 고유 명절이다. 그래서 사람들은 가난하거나 부자거나 젊었거나 늙었거나 상관없이 공연히 마음이 들뜬다. 세월에 관계없이 명절이란 놈이 다가왔고, 이유여하 좋은 날이기 때문이다. 이 글은 몇 년 전 '季節散調'라는 운문으로 해외동포문학상을 받았던 작품 중 그 한 편이었음을 밝혀둔다.

추석(秋夕)

등잔불 심지 꺼도 방안이 화안하다
들 너머 산머리에 보름달 둥실하고
꾸르 꾹
밤새 소리에
홍시가 익어간다

툇마루 끝에 서서 오줌발 쏴 올리면
마당가 어미 닭이 병아리 감싸 안고
널찍한
대청마루엔
달빛만 교교하다

한 깃든 장지문에 일렁이는 꽃 이파리
얄궂은 그리움이 먹물로 스며들고
조롱박
흰 박꽃 한 송이
영혼을 일깨우다.

* **시작 메모** : 어릴 적 명절 임시엔 밤이 이슥토록 안방이나 대청마루가 유난히 부산했다. 할머니 치마폭에 안겨 깜박 잠이 들었다 깨면 미닫이 장지문 바깥은 보름 달빛에 젖어있고, 신작로 저쪽의 들판과 산자락이 수묵화처럼 부옇게 떠 있었다. 고추에 팽팽히 들어찬 육수를 빼려고 대청마루 끝에 서서 오줌발을 세우면 자다 놀란 닭장 암탉이 꼬꼬댁 소리를 지르며 병아리를 감쌌다. 참 그리운 추억이다.

만추

나뭇잎 맴돌아서 창가에 떨어지네.
간간한 소슬바람 내 맘속 훑어 돌며
빛바랜
이파리들이
낙화(落花)되어 흩어져

한 잎씩 쌓인 낙엽 발아래 수북하고
잎 새에 새겨졌던 한 가슴 타던 사연
지난날
푸르른 꿈이
세월 속에 묻히네

꼬불한 산책로를 휘돌아 걷는 발길
연못 속 하늘 아랜 외로운 구름 한 점
코끝의
시린 갈바람
삭풍(朔風)될까 두려워.

* **시작 메모** : 입동도 아직 인데… 갑자기 추워졌다. 30도 안 팍, 섭씨로 0도 부근이다.

대체로 더운 동네에서 한 20년 살다보니 추위는 피부에 약해졌다. 특히 늙은이들에겐 환절기 추위는 자칫 '사요나라' 시그널이기도 하다. 한때 월남 파병훈련 받을 때는 춘천 오음리에서 영하 20도에서도 버티던 체질인데… 이제 그런 추위 상상하면 그야말로 끔찍하다. 그래저래 사람은 때에 따라 생각이 바뀌는 교활한 동물인가 싶다. 하긴 염량세태(炎涼世態)의 세상인심이 이것뿐이겠는가?

설날

까치설 전설 안고 밤도와 분주하다
홍 매실 꽃봉오리 발그레 벌어지면
장지문
바깥세상은
그림 속 선경이다

아랫목 술독에선 동동주 익어가고
툇마루 소쿠리엔 전(煎)지지미 그득하다
살강 위
양상군자(梁上君子)들
눈치 없이 살강대

마루 밑 괭이 녀석 숨죽여 기다린다
뒤 뜨락 대숲 속을 숨어 부는 바람소리
드넓은
대청마루가
폭풍 전 정적이다.

* **시작 메모** : 설이 지났다. 추석 때도 그렇지만 어릴 적 기억으로는 명절 전야엔 밤이 이슥토록 안방이나 대청마루가 유난히 부산했다. 할머니 치마폭에 안겨 깜박 잠이 들었다 깨면 미닫이 장지문 바깥은 설사 달빛이 없어도 뿌옇게 밝았다. 안방 구들목 술독에서는 술 익는 냄새가 달지근했고 툇마루 공간을 가득 채운 설음식은 그 냄새만으로도 배가 불렀다. 전정 속을 기는 서생원들의 살강댐이 유난히 귀를 모았다.

아, 그러나 그런 추억은 그야말로 이제는 모두가 전설처럼 우리들 머릿속에서 그림으로만 남아 있을 뿐이다. 더구나 만리이국에서랴…

제6장

나의 고백

나의 詩碑 앞에서 외 4편

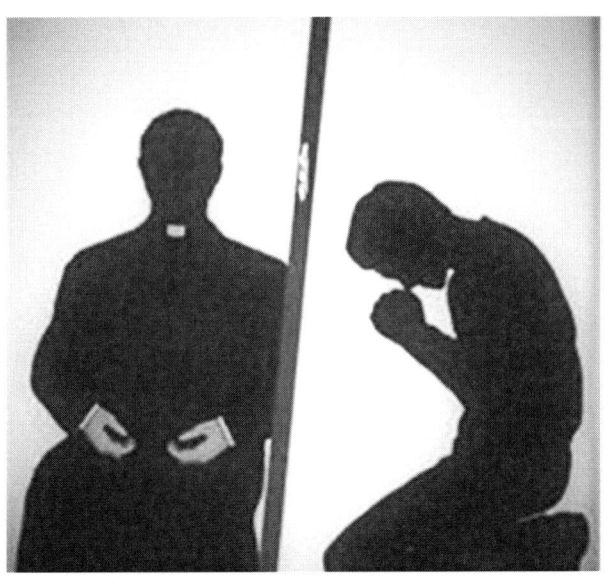

나의 詩碑 앞에서

혼(魂)이 육신을 떠나면
이제 갈 데는 여기가 될 것이다

일 년에 몇 번 아이들이 와주면
아내와 함께 나는 얼마나 반가울까

딸애가 혹 몸이라도 야위었다면
나는 그녀의 뺨을 살그머니 한 번 쓰다듬어 볼 것이고
또 손주들에겐 '한번 안아 보자'고 속삭일 것이다

아이들이 떠난 후 혼자가 되면
훌쩍 옛집으로 날아가
서재의 책들도 한 번 훑어보면서

제 어미 몰래
칭얼대는 손주 녀석 고사리손 꼭 잡아
소곤소곤 옛이야기도 들려주고

소리 없이 날아가

마당에서 흔들리는 나무 가지 위
새집 속 알들이 떨어지지 않도록
가만히 잡아줄 것이다

그리고 동녘이 밝아오면
신발 끈 동여매고 구천(九泉)으로 달려가
한참 전에 먼저 가신 어머니를 만나볼 것이다.

* **시작메모** : 이 시는 언젠가 한국문학방송에서 전자책으로 만들어진 디지털 시비에 실렸던 작품이다. 훗날 나 떠나면 실제로 이렇게 묘비로 쓸지는 모르겠고…그때 그냥 끼적여둔 것을 새로이 정리했다. 그리고 실제로 내 영혼이 있다면 나는 정말 이렇게 돌아다닐 것이다.

몽유(夢遊)

길을 걷는다
들 지나 내(川) 건너고
가끔은 산비탈도 탄다
기억에 있기도 하고
첨보는 도시길
시골길도 나타난다

못 보던 동무들
만주 떠돌다 돌아온 아버지
고향 지키던 엄마 할머니 할아버지도 보이고
행랑채 살던 돌이 머슴 아재도
바지게를 받치며 손을 흔들어 보인다

꿈에 보이는 풍경은
아무 데나 아무에게도 벽이 없다
그러나
잠이 깨면 까맣게 잊는다.

* **시작 메모** : 불면은 오래되었다. 할 수없이 수면제 통 뚜껑을 연다. 새벽이 되면 오줌통이 불어 비몽사몽 일어나 빼고 나면 그때부터 夢遊가 시작된다. 별것 별 곳이 다 튀어나오고 벼라 별 풍경들이 다 펼쳐진다. 감동도 있고 슬픔도 있고 그리움도 있다. 다만 눈이 떠지면 한동안의 어지러움으로 헤매다가 일어나 기억을 되살리려면 까맣게 사라진다. 메모를 하려해도 한 줄도 생각나지 않는다. 그냥 꿈속에서 놀았을 몽유도원이었다. 아, 아까비!

나는 가끔 유령(幽靈)이 되고 싶다

잠 못 이루는 밤이면
나는 가끔
유령이 되고 싶다

내가 만약
혼자서 슬그머니 육신을 벗어나
자유롭게 떠다닐 수 있는 유령이 된다면

내 맘대로 고향으로 푸르르 날아가
옛 집에도 가보고 싶고,
어릴 때 동무들도 만나 몰래 집적거리며
놀래는 그 표정도 보고 싶다.

하지만
무엇보다 젤 먼저
구천(九泉)의 천사 마을로 달려가
어머니를 만나고 싶다

가서 엄니가 남기고 가신

묵주를 전하고 싶다.

* **시작 메모** : 언젠가 내 詩碑와 관련한 글에서도 이와 비슷한 얘기를 썼지만, 솔직히 나는 내가 죽거나 살거나 육신과 혼백이 분리되어 아무데나 거리낌 없이 돌아다녔으면 참 좋겠다.
정말로 그럴 수만 있다면 얼마나 좋을까. 허나… 아침에 일어나면 이런 꿈(?)이 얼마나 허망하다는 것을 그야말로 '허망'하게 느끼고 산다. 요즘은.

잠에서 눈을 뜨면

아침에 눈을 뜨면
소피 보고 눈곱 닦고 칫솔을 입에 문다

밤새 눈에 가시 되었던 재수 없는 인간들
모두 몰아 눈가에서 지우고
귀청으로 쌓인 더러운 소리들
귀이개로 뽑아내고

치카치카 이 닦아
잇몸에 끼었던 욕지거리를
꿀렁꿀렁 뱉어 낸다

거울 속에서 눈을 치어 들면
문득 어느 날 택시 백미러에 걸렸던
'오늘도 무사히' 작은 팻말이 떠오른다

Howdy? Are you ok?
낯선 나를 향해
어쭙잖은 미국 반말로 물어본다

뭐, 그냥 그래… 혼자 중얼거리며
다들 일터로 나간 혼자만의 텅 빈 공간에서
브런치를 먹는다
그리고 또
지난 밤 세상이 못내 궁금해
버릇처럼 스마트 폰의 단추를 누르며
욕지기의 되새김을 시작한다.

* **시작 메모** : 일상이 늘 이 모양이다. 바깥에 나가 바둑 집 엘 가려 해도 주변이 웬 난리라 혼자 우기고 나가기도 눈치 보인다. 식구들이 마스크 쓰고 일터로 나가고 나면 컴퓨터를 보거나 페북을 보거나로 시간을 때우지만… 행동반경이 창살 없는 감옥이 따로 없다. 어쩌다 움직임이 자유롭지 못한 반편 이 되얐는지…!

그때 그 소년

성당 마당엔 애란(아일랜드) 신부님 혼자 서 계셨다
마침 내가 나타나자 그분이 손짓해 불렀다

가서 탁구 배터와 공 한 세트만 사다 주세요
그러지요

신부님은 아마 내 얼굴을 아시니 그랬을 것이다
그러나 나는 그 돈을 받아
길거리 오곱쟁이 장사꾼에게 홀랑 잃었다.

날 기다리던 신부님
얼마나 황당했을까
그러고도 나는 뻔뻔하게 성당을 나갔고
그 신부님을 뵙고 고해성사를 했다
60년 전의 일이었지만
오랫동안 나는
그 시절 내가
오곱쟁이 장사꾼과 뭐가 다른지 몰랐다
〈

한참을 지나서야
비로소 내가
얼마나 가증스러운 사기꾼 같은 인간인지를 깨달았다

―신부님, 저의 죄를 용서해주십시오!

다시 백 번을 고해(告解)한들
그 시절의 소년은
아직 보속(補贖)을 받지 못했다

아이고, 하느님!

제7장

사모곡 사모별곡

엄니 떠나시네 외 6편

울 엄니 사진

엄니 떠나시네

갈매산 둔덕 너머 엄니 혼백 떠나시네
상두꾼 요령 따라
꽃가마 굼실굼실

북망산(北邙山) 가는 길목이
여한(餘恨)으로 얼룩져

멀리 간 지아비는 마중이나 하시려나
다시는 안 볼 듯한
고집통 영감일레

산 정(情)이 더럽다 보니
그리움도 가없어

저승길 천문(天門) 앞에 구름 천포(天布) 둘러치고
향 지펴 독축(讀祝)으로
탁주 한잔 올리오니
〈

도솔천 건너서 돌아
미륵정토(彌勒淨土) 찾아가소.

사모곡

엄니 가신 날
차마 먹(墨)이 없이
사인펜으로 써 내려간
지방(紙榜) 한 줄로 당신을 모십니다

제사상 차리기 전
찬물로 눈 닦고 한(限)을 씻어도
슬픔은 못내 봇물처럼 차올라
그대로 강물이 되고 맙니다

지금 고향에선
시집간 누이 돌아와
생이별한 올케 더불어
당신 영정 모신 채 초혼을 하고 있으려니
혹 당신이 오셔서
"아범은 어데 갔노?"
두리번거리지나 않으실지
그리움이 촛불처럼 타 오릅니다
〈

생전
당신 좋아하시던
양과자 한 접시
과일 몇 알 차린 채
딸랑 양주 한잔 곁들인 법도 잃은 제사상
먼 나라 떠도는 뿌리 잃은 자식의
가없는 그리움이
향촉 불빛에 스미는 밤입니다

혹시 당신께서
고향 식구들 다 보신 후
이리로 오시지나 않을까
눈을 감고 기다립니다

아아!
당신 계신 천국은
십만 리 이국인들 못 오실까
처연한 달빛 사이사이로
갈매바람 불어오지만

〈
갈꽃 내음 당신 냄새에
오히려 서러움만 더해지고
무너져 내린 가슴엔
눈물처럼
촛농만 똬리 집니다.

* **시작메모** : 곧 추석이다. 달력을 보며 이번 추석은 코로 난지 뭔지 때매 타 도시에 있는 애들도 오지 말라 했고, 차례를 어찌하나 생각타가 문득 울 엄니 떠나시던 즈음을 새로이 떠올리며 가지고 있던 시조 한 수 다시 끼적여 올린다. 우리 엄니 이승 떠나신 지 30년이 가까워 오지만, 사람 나이가 백 살이 된들 어머니가 그리운 것은 그리운 것이고 또 천륜이기 때문이다. 특히 명절에 즈음했으랴.

사모별곡

엄니 忌日기일이 다가오면
나는 제사상에 올리기 위해
잊고 있던 어머니 영정을 꺼내
먼지를 닦는다

그런 날은
엄니는 뭐가 그리 좋은지
눈꼬리 가득 미소를 머금고
나를 바라보고 계시다

와?
엄마, 와 웃노?
내가 혼자 싱겁게 묻는다
그냥 !
엄니가 다시 웃는다
마냥, 자식이 대견한 눈빛이다

깜짝, 나는 불효막심하지만
엄니의 그 눈빛을 안다

그리고 그 눈빛은 그날도 그랬음을 기억한다

병원에서 집으로 가자며
옷을 챙기면서도
간밤의 폭음에 가슴이 절어
아직도 정신이 혼미해 하는 나를 바라보면서도
엄니는 그렇게 웃으셨다

엄마는
자식이 밉거나 곱거나 상관없이
왜 항상 대견해하실까…
당황해하는 나에게 업히면서 엄니가 말했다
'이제 니 왔으니 집에 가서 쉬어야겠다'
아아!
나는 그때 그 뜻을 미처 몰랐었다

엄니는 그렇게 내 등에 업힌 채
앰블런스를 타면서

그냥 이승을 떠나셨다.

아아, 어머니!

병상에서

이마에 열꽃 안고 눈을 감으니
고향이 떠오른다

가끔
열띤 내 영혼이 육신을 떠나려 할라치면
돌아가신 엄니가 나타나
소리 소리쳐
도루 제자리에 끌어다 놓곤 한다

고향 들녘
아름드리 정자나무 아래서
내게 젖을 물리던 엄니

어쩌다
못된 고뿔이라도 앓으면
아침이슬 정성 모아
탕약 달이던 엄니 손길

황량한 사막 헤매다

열병에 지쳐서야
비로소 저며 오는 엄니 사랑

설움 복받쳐
눈을 뜰 수가 없다.
그러나 지금은

엄니도 정자나무도
암 것도 내 곁에 없다

눈을 뜨기가 두렵다.

흔적(痕跡)

가슴에 슬픔 안고 눈 감아 합장하니
대웅전 향내 타고 엄니 모습 떠오른다
댓돌 위
닳은 고무신
삼천 배(拜) 흔적인가

사무친 당신 흔적(痕跡) 서러운 흐느낌에
위패 속 어머니가 소리쳐 꾸짖는 말
못난 놈
정신 돌려라!
구천(九泉) 길 편치 않다

초가을 풍입송(風入松)이 잎새에 머문 아침
몽환(夢幻)의 새벽안개 도량(道場)에 젖어 들고
산문(山門) 곁
손 흔들어 주신
엄니 모습 아련해.

* 엄니 가시고 49齋에서.

* **시작 메모** : 30여 년 전 5월 엄니 가시고 그해 7월 중순경 40제를 모시려고 절집엘 갔었다. 전날 성당에서 연미사를 올리긴 했지만, 집안에 또 다른 신실한 불자들이 계셔서 그분들 뜻대로 절 의식도 함께 해드렸다.

내 기억으로는 절집의 49제는 성당의 그것보다 또 다른 깨우침이 있었다. 그날의 齋 불공을 받으시고 산문(山門) 밖까지 떠나시던 어머니. 당신의 혼백과 이별하던 아쉬운 기억을 나는 아직도 소중하게 간직하고 있다. 7월의 중순이 되자 불현듯 그때의 기억이 되살아나 3연의 평시조로 다시 한 번 어머니의 흔적을 기렸다.

회상(回想)

사라진 반 백 년을 눈감고 돌아보니
안개 속 고향 들길 방금 닿은 손끝인 양
툇마루
댓돌 아래로
그림자 진 내 모습

밤 되어 촛불 켜자 시름이 타오르고
동창(東窓) 밖 미리 내에 베어 물린 새벽달
꾸꾸륵
밤새 울음에
한밤을 뒤척이고

새벽길 삽짝 밀고 고샅길 들어서자
돌담 벽 틈 사이로 호박꽃 송이송이
순(筍) 따는
어머니 손등에
조곤조곤 햇살이.

* **시작 메모** : 20여 년 전 미국 온 지 얼마 되지 않은 시점이었다. 10월인가 당시 한국에 혼자 남아있던 집사람이 10월 時祭(시제)를 지낸다고 고향을 간다고 연락이 왔었다.

50이 넘어 뜬금없이 미국으로 사라진 내게 앞으로 종가 祭禮(제례)는 어떻게 할 거냐고 宗中(종중) 어른들의 비난이 장난이 아니었다. 우리 마눌은 죄 없는 죄인이 되어 내게 하소연 편지를 보냈었다.

그 편지를 받고 맘이 영 심란해져서 혼자 UCLA의 텅 빈 운동장에 가서 한나절을 우두커니 앉았다 왔었다. 이 글은 그 당시 끼적였던 시 한 수를 시조로 바꿔 새로 포장한 것이다.

풍객(風客) 일기

반백 년 방랑 세월 역마살 등에 업고
한순간 북풍 맞아 죄업(罪業)을 받았으니
따리 진
흉중 회한(懷恨)에
짚 동 한숨 깊어져

백일홍 흐드러진 돌담길 가로질러
눈 감아 꿈길 따라 고향 집 찾아 드니
비로소
가슴 저미는
따습던 엄마 약(藥)손

얼룩진 상흔(傷痕) 가득 한(恨) 깃든 창호 문짝
그리움 별빛 되어 먹물로 스며들고
버선발
뛰어나오시는
엄니 모습 저만치.

추천 글 _ 손용상을 말한다 ❶

영원한 옥수(獄囚),
눈부신 비상의 정점에 서서

이윤홍(시인. 소설가/미주가톨릭 문인협회 회장.
전미주한국문인협회 회장)

손용상 작가의 두 번째 운문집 출간을 진심으로 축하합니다. 정말 기쁘고 반가운 일입니다. 이 책을 읽으며 문득 떠오른 것은 자크 프레베르였습니다. 피 묻은 열쇠를 들고 나서는 멋쟁이 옥지기. 아직 시간이 남아 있다면, 피를 묻혀 가면서까지 가둔 사랑을 풀어주기 위해 나서는 사람. 가두고 싶지는 않았지만 어쩔 수 없이 갇힐 수밖에 없었던 사랑을 풀어주기 위해 나서는 시인에게서 나는 손용상님을 떠올립니다. 시인은 어디에 사랑을 가두었을까?

누구에게든 일어날 수 있는 일이 자신에게 다가왔을 때, 그리하여 살기가 버겁고 귀치가 않다고 했을 때, 잠시 침묵하던 그녀가 약간은 물기 먹은 목소리로 말했습니다. "노래를 부르세요." 이 한 마디는 그녀가 남편 손에 쥐어준 피 묻은 열쇠였습니다. "열고 나오세요. 당신 몸에 갇힌 당신 자신을 스스로 열고 나오세요. 그리고 노래를 부르세요."

어떤 형태의 것이던, 무슨 이유이던 간에 스스로 제 자신을 가둔 이들이 있고 손도 쓸 겨를도 없이 타의에 의해 무방비로 갇혀버린 이들이 있습니다. 스님은 화두를 깨우치기 위해 스스로 무문관(無門關)에 들어섭니다. 일정 기간이 지나거나 깨달음을 얻으면 세상으로 나옵니다. 타의에 의한 것이지만 적소(適所)에 유배된 이도 때가 되면 풀려 나옵니다. 그러나 누구보다 자유로웠던 영혼이 한곳에 영원히 갇힌 이가 있습니다. 불가항력으로 갇혀 버린, 나오고 싶어도 나올 수 없는 영원한 옥수(獄囚)가 되어 버린 것입니다. 얼마나 많은 불면의 밤이 있었을까요. 그러나 자진(自盡)까지 생각했던 순간을 넘어서는 순간, 아내가 건네주는 피 묻은 열쇠를 받아드는 순간, 그 영혼은 이전의 자유로운 영혼보다 더 자유로워졌습니다.

손용상님의 책을 받아 볼 때마다, 손용상님의 글을 읽을 때마다 먼저 눈에 들어오는 것은 첫 문장보다는 손용상님의 얼굴입니다. 손용상님의 웃는 모습이 눈앞에 훤합니다. 어쩜 저리 밝게 웃을 수 있는지, 그 웃음은 옥(獄)에 갇힌 이의 웃음이 아닙니다. 제 자신을 육신의 감옥에서 해방시킨, 그리하여 자신을 잃어버리는 자유일지라도 결단코 제 안의 사랑을 풀어 놓아 스스로를 해방시킨 이의 천진한 웃음입니다. 나는 손용상님의 어떤 노래보다 그의 웃음을 더 사랑합니다. 그 웃음 속에 산문이 들어있고, 시가 들어있고 영혼의 노래가 들어있습니다. 그것이 바로 제가 이글을 쓰는 소이(所以)입니다.

우리 가슴에 깃들어 있는 한국적 정서는 얼마나 오래 어디에 있든 간에 한결 같습지요. 다만 외국에 나와 살면서 때때로 그 마음을 잊을 뿐입니다. 그렇게 살다보면 삶이라는 것이 얼마나 건조해지고 팍팍해지는지요. 피 묻은 열쇠로 제 몸을 여는 시인이 보입니다. 밤을 잊고 노래를 부르고 있는 시인이 보입니다. 손용상님의 소리를 따라 함께 노래하는 동안 날개를 펴고 새벽하늘을 날아오르는 시인의 눈부신 비상을 봅니다.

손용상님의 운문집 『부르지 못한 노래… 허재비도 잠 깨우고』은 자신의 영혼을 더 자유롭게 풀어 놓는 육신을 넘어서서 사통팔달 어느 곳 누구에게라도 다가서는 사랑 노래입니다. 우리들 마음을 얼마나 더 적시는지… 주옥같은 시들 가운데 저의 마음을 꽉 움켜쥐는 시가 있었습니다.

길을 걷다가 좀 넘어지면 어때
다시 일어나면 되잖아
무릎 까지고
발 삐끗 아픈 건
바로 살아있다는 것이야

그리고 혹 자빠졌을 땐
그냥 잠깐 누워서 하늘을 봐
그곳은 넓고 푸르고
구름이 꿈처럼 흘러가

느끼며 바라볼 수 있다면
또한 살아있다는 증거야
〈

어느 날

갑자기 사지(四肢) 뒤틀리고

입도 비틀어지고

목 잠겨 말이 나오지 않을 땐

슬퍼하지만 말고

그냥 가슴에 손을 얹어 봐

쿵닥쿵닥

심장 박동 소리가 들리면

그 또한 네가 살아있다는 기쁨이야

힘들게 생각하지 마

어느 날 길을 걷다 좀 넘어지면 어때

조용히 기도하고

다시 일어나면 되잖아

- 제2장 바람과 바람(希),추억과 회한 「다시 일어나면 되잖아」 전문

넘어질 떼 우리는 좌절합니다. 다시는 일어 설 수 없다

는 생각에 모든 것을 체념하게 됩니다. 손용상 시인님은 어느 누구보다도 뼛속까지 아프게 넘어졌던 분입니다. 얼마나 깊이 넘어졌던지 일어난다는 생각보다는 차라리 그 자리에서 자진(自盡)하려고 했습니다. 그 길만이 지금까지 살아온 모든 것에 대한 위로라고 생각했습니다. 아마 그랬더라면 우리는 우리의 시린 옆구리를 따뜻하게 녹여주는 시인을 잃어버렸을 것입니다.

그러나 시인은 약한 듯해도 강합니다. 자신이 하늘로부터 받은 탈란트는 개인을 위해서가 아니라 이 세상 한구석을 정화(淨化)하고 그곳의 사람들에게 용기와 힘을 불어넣어줄 사명이 있다는 것을 자각(自覺)합니다. 시인은 자신이 넘어진 그 자리에서 노래합니다. 그 노래는 지금 넘어져 기진해 있는 나에게 우리에게 들려주는 노래입니다. 나는 그 노래를 잡고 다시 일어섭니다. 그 때 시인이 했던 것과 같이 다시 발을 떼어 놓습니다.

'다시 일어나면 되잖아' 그렇습니다. 우리는 이 노래의 힘으로 다시 일어납니다. 또 넘어져도 다시 일어날 것입니다. 그리고 끝까지 나머지 여정을 걸어갈 것입니다.

여기 또 하나, 나의 마음을 치는 노래가 한 편 있습니다.

엄니 忌日이 다가오면
나는 제사상에 올리기 위해
잊고 있던 어머니 영정을 꺼내
먼지를 닦는다

그런 날은
엄니는 뭐가 그리 좋은지
눈꼬리 가득 미소를 머금고
나를 바라보고 계시다

와? 엄마, 와 웃노?
내가 혼자 싱겁게 묻는다
그냥~! 엄니가 다시 웃는다
마냥 자식이 대견한 눈빛이다

깜짝, 나는 불효막심하지만
엄마의 그 눈빛을 안다
그리고 그 눈빛은 그날도 그랬음을 기억한다

병원에서 집으로 가자며
옷을 챙기면서도

간밤의 폭음에 가슴이 절어

아직도 정신이 혼미해 하는 나를 바라보면서도

엄니는 그렇게 웃으셨다

엄마는

자식이 밉거나 곱거나 상관없이

왜 항상 대견해하실까…

당황해하는 나에게 업히면서 엄니가 말했다

'이제 니 왔으니 집에 가서 쉬어야겠다'

아아!

나는 그때 그 뜻을 미처 몰랐었다

엄니는 그렇게 내 등에 업힌 채

앰블런스를 타면서

그냥 이승을 떠나셨다.

아아, 어머니!

- 제7장 사모곡 사모별곡 「사모별곡」 전문

이 시를 읽으며 저는 눈물을 흘렸습니다. 저의 어머니는 양노원에 계신 모습을 영상으로 마지막 뵈올 때에는 이미 아무도 몰라보고 계셨습니다. 그래도 어머니가 살아 계신 동안에는 마음이 늘 고향으로 향해있었습니다. 이제 돌아가시고 나니 태평양 너머로 향하던 눈길이 뜸해지고 자꾸 고향을 잊어가고 있습니다. 고향을 잊는 것은 어머니를 잊는 것이고 어머니를 잊는 것은 나의 근본을 잊는 것이나 다름없습니다. 천리만리 타관에 나와 한평생을 보낸다 해도 어머니를 잊지 않으면 우리는 영원히 고향에 가 닿아있습니다. 손용상님의 '사모곡'이 오늘 다시 우리의 생각을 일깨워 주고 있습니다.

손용상님의 운문집이 어서 빨리 출간되어 이곳 교민 모두에게 팍팍한 삶에 윤활유가 되고 격려와 위로를 주었으면 하는 바램입니다. 감사합니다.

2021년 3월 이윤홍 배상

추천 글 _ 손용상을 말한다 ❷

고苦, 난難, 통痛의 여정旅程을
회고하는 피리소리

김미희(시인. 연극인 / 윤동주서시해외작가상·
편운문학상 수상작가)

　2013년, 손용상 선생님이랑 '미주문학상' 수상식에 같이 갔다가 '무진기행'의 김승옥 작가와 자리를 함께한 적이 있었습니다. 그때 김승옥 선생님도 스트록 후유증으로 '실어증失語症'에 걸려 있었습니다. 서로 메모로 대화를 주고받으며 두 분이 근 30여 년 만에 만나 회포를 푸는 모습이 너무 짠해 지금도 기억에 남습니다. 그때 김승옥 선생님이 물었습니다. "자넨 언제 그랬어?" 하고 물으시니 "2009년… 죽을까 하다 그냥 머리 녹을 새로 닦았습니다"고 답했습니다. 잠깐의 대화가 수화手話하듯 이어졌지요. "잘했네. 벙어리 된 나도 사는데, 다리 좀 불편타고 자빠지면 안 되지. 버티며 앞으로 더 좋은 글 써요. 지난 시절 너무 외도만 했으니 하나님께서 경고하신 거여, 나처럼…." 손 선생님의 눈시울이 붉어진 걸 옆에서 지켜보며 돌아서서 나도 눈물을 훔쳤습니다. 김승옥 선생님과 짧은 만남이 많은 위로가 되었겠지요.

    반백 년 방랑 세월 역마살 등에 업고
    한순간 북풍 맞아 죄업(罪業)을 받았으니
    따리 진
    흉중 회한(懷恨)에
    짚 동 한숨 깊어져

    백일홍 흐드러진 돌담길 가로질러
    눈감아 꿈길 따라 고향 집 찾아 드니
    비로소
    가슴 저미는
    따숩던 엄마 약손

    얼룩진 상흔(傷痕)들로 한(恨)깃든 창호 문짝

그리움 별빛 되어 먹물로 스며들고

버선발

뛰어나오시는

엄니 모습 저만치.

- 「풍객 일기」 전문

    몸이 불편해지면서 늦게 잠들고 늦게 일어나는 것이 습관이 된 탓인지, 늘 잠이 깨는 아침녘에는 비몽사몽 속에서 헤매며 온갖 꿈을 꾼다고 하셨던 말씀이 떠올라 이 시를 마주하고 많이 울었습니다. "선생님, 아무리 반가운 사람이 오라고 손짓해도 절대 따라가시면 안 돼요." 나는 우스갯소리처럼 손사래 치며 말했지만 아픈 마음은 감출 수가 없었습니다.

    얼마나 외롭고 서러우면 '버선 발 어머니' 모습까지 만나셨을까… 나도 마음이나 몸이 아플 때면 으레 엄마가 꿈속에 찾아옵니다. 그냥 물끄러미 쳐다만 보셔도 위로가 되곤 했습니다. 역마살을 쌍으로 가졌다는 것만으로도 낯선 이국땅에 둥지 트는 일은 쉬운 일이 아닙니다. 하물며 아픈 현실에 더러 좌절도 했을 테고 심신이 지쳐가며 위태로운 날도 있었겠지요. 그러나 선생님은 말씀대로 머리에 낀 녹을 닦고 긴 세월 소홀했던 글쓰기 작업에 매달리면서 그런 자격지심은 서서히 사라진 듯 보였습니다. 잡생각에 매달리지 않았기 때문일 것입니다.

그 후 선생님은 자신도 모르게 안에 꿍쳐 놓았던 피안의 기억을 미친 듯이 풀어 무려 20여 권의 책을 세상에 내놓았습니다. 김승옥 선생님의 말씀처럼 손 선생님은 "주인공은 살아온 삶의 여러 사건을 추적했다. 흩어진 시간의 벽을 넘어 '흔적'을 입체적 현실로 치환(置換)시키며, 내면을 통찰하고 공감의 세계를 구현"했습니다.

당시 미주한국문인협회 회장이셨던 문인귀 시인의 말을 잠깐 인용하면 "손 선생은 1973년 대학 재학 중, 단편 「방생」으로 조선일보 신춘문예 당선으로 문단의 주목을 받았다. 하지만 역마살 때문인지 그 후 20여 년을 해외로 떠돌다 98년 미국에 정착했다. 지천명(知天命)의 나이였다. 여기서 '정착'의 의미는 50대의 이민자에게는 고(苦)의 시작이었다. 다시 말해 이국(異國)에서 겪는 이순(耳順)까지의 삶은 일반적 '정착'과는 거리가 먼 난(難)의 연속이라는 말이다. 이런 이민현장에 때늦게 뛰어든 손 선생에게 무엇보다 먼저 찾아온 것은 통痛이었다. 뇌졸중이었다. 몸의 한쪽이 망가진 것이다. 그런데 여기서부터 그는 새로운 모습으로 바뀌게 된다. 그의 변신(變身)은 바로 문학에의 열정(熱情) 때문이었다. 문학과 끈질긴 애증의 관계는 육체를 소진하든 영혼을 소진하든 소진이 마감되는 날 끝날 것이기 때문이다."라고 했습니다.

본인의 죽음을 본다면 사람들은 어찌할까요. 달라지겠지요. 좌절하거나 뭔가에 매달리겠지요. 그는 좌절보다 인생의 업보였던 글을 택했습니다. 선생님 세계는 글 속에서 명료했습니다. 밖은 그의 세계가 아닌 듯 좌충우돌 부딪히며 견디는 여정이었습니다. 수구초심首丘初心, 선생님은 신이 주저앉힌 몸으로 글을 씁니다.

컴퓨터 단추를 누르며
버릇처럼 손깍지를 낀다.
마비된 손가락을 풀기 위함이다.

늘 무심했다가
기왕에 깍지 만든 두 손

어느 날 문득 그냥 풀기가 아쉬웠다.

화면이 켜질 동안만이라도

잠깐이지만 기도를 하기로 했다

생각지도 못했던 하느님께의 인사가

그렇게 시작되었다.

첨엔 괜히 쑥스러웠다

아무도 보는 이 없지만, 뜬금없이 하느님을 찾다니…

그래서 하느님보다는 어르신으로 불렀다

훨씬 가까움이 다가왔다

어르신, 지난밤 잘 주무셨나요?

절 잠에서 깨워주셔서 감사합니다

오늘도 잘 부탁합니다

그리고 손가락을 주무르고

자판을 똑딱이기 시작한다

그러나 일이 끝나면

늘 인사를 까먹고

…………

또 다시

무심하게 하품만 한다

　　　　　　－「아침에만 '어르신'」 전문

　허세도 용기도 다 부질없는 짓이라는 것을 아는 노작가는 이제 아침마다 "어르신"을 부릅니다. "깨워주셔서 감사"하다며 독수리 타법으로 자판을 튕깁니다. 선생님이 꿈꾸는 것은 몸속에 있는 '글'을 다 소진하는 날 어머니 품 안으로 귀궁하는 것이라고 합니다.

　사람들은 떠난 빈자리를 보고 나서야 한 사람의 흔적이 얼마나 아름다웠는지 알게 됩니다. 그와 동행하며 보고 느꼈던 모습도 영혼도 추억이 됩니다. 그가 부른 노래가 얼마나 아름다웠는지 나도 모르는 사이 흥얼거리며 떠올리게 됩니다. 선생님의 불행한 소식을 듣고 파크랜드 병원으로 달려가던 날을 잊을 수가 없습니다. 내 안의 한쪽 담이 우르르 무너져 내리는 것 같았습니다. 그리고 불쑥 전화해서 물어오는 안부가 그리웠습니다. 선한 웃음이 그리웠습니다. 흘러넘치던 인정이 안쓰러워 소리 내 울었습니다. 2000년 겨울, 문학회 모임에서 처음 뵙던 그 날부터 선생님은 속을 터놓을 수 있는 편한 선배이자 스승이 기꺼이 되어 주었습니다. 아무것도 모르고 발을 담근 제 문학 인생에 든든한 문우가 되었습니다. 뒤처지지 않도록 용기를 주시고 응원해 주신 덕에 오늘의 내가 있게 되었습니다.

고향 촌 고샅길 옆 종가(宗家)댁 담벼락엔
둥근 돌 모난 돌이 뒤섞여 함께 산다
어울려
품어 섞이니
가슴이 넉넉하다

틈틈이 끼어 박힌 좀(卒) 같은 잔돌들과
길거나 짧은 놈도 제 분수 제자리에
황토(黃土)에
몸을 박으니
햇볕도 따사롭다

잘난 놈 못난 놈도 손 벌려 어깨 걸고
제가끔 가진 만큼 나눔이 아름답다

가을날

운동회 같은

한 마당 어깨동무.

— 「돌담 이야기」 전문

선생님은 여전히 "운동회 같은" 날을 좋아합니다. 불쑥 전화해서 한 상 앞에 모아놓고 한바탕 웃으며 "한 마당 어깨동무" 하기를 좋아합니다. 선생님 앞에서는 "길거나 짧은 놈"도 없습니다. "둥근 돌 모난 돌이 뒤섞여 함께" 살기를 바랍니다. 그리하여 2019년에는 해외 작가들과 국내 작가들 간의 '징검다리' 역할을 표방한 연 2회 출간, '한솔문학'이라는 글로벌 종합문예지를 미주 최초로 발간하여 현재까지 5호를 발간했습니다.

거친 듯 굴곡지게 강처럼 굽이굽이

봄 여름 가을 겨울 세월이 살 같았다

젊은 날

뛰던 숨결이

빈 가슴 파고들고

〈

장지문 격자창에 일렁이는 나뭇잎

얄궂게 설움 되어 먹물로 번져온다

빈 가슴

스미는 바람

내 영혼 뒤흔들고

술 익는 도가지 속 용수에 거른 청주(淸酒)

달빛 진 솔 이파리 몇 가닥 띄워놓고

오호라

이백(李白) 오라 해

거문고 뜯고 싶다.

– 「거문고 뜯고 싶다」 전문

　나는 '소설가 손용상'과 함께했던 순간들이 좋습니다. 그의 몸짓과 열정은 오래오래 기억하게 될 것입니다. 그가 원하든 원하지 않든 '손용상' 그 이름 석 자는 한국 문학사에, 미주 문학인의 산 역사가 되었습니다. 그리고 그의 열정은 세대를 이어가며 회자할 것입니다. 선생님은 천상

글쟁이입니다. 안에 쟁여 있는 글 씨앗을 모두 파종하지 않고는 죽지 못할 것입니다. 혼백마저도 자유롭고 싶은 선생님께 산문이든 운문이든 다 풀어놓는 그 날까지 부디 건강이 함께해줬으면 좋겠습니다. "달빛 진 솔 이파리 몇 가닥 띄워놓고" 거문고 뜯으며 이백과 함께 백제 미소를 닮은 모습을 곁에서 오래오래 보고 싶습니다.

선생님 내면에 고여 있던 삶의 정수이자 질긴 삶에 찍은 두 번째 낙관, "부르지 못한 노래… 허제비도 잠 깨우고" 운문집의 출간을 축하드립니다.

2021년 3월 김미희 드림